Cuerpografías

Poesía para amar tu cuerpo

Corazón Tierra

Categorías:
Ficción: poesía, cuento, prosa poética, literatura femenina
No ficción: inspiración, autoayuda, cuerpo y mente, memorias

Corazón Tierra/ ShamansDance Publishing & Productions Inc./DanzaBooks Imprint
New York, NY USA

Para órdenes al granel o eventos contacta: corazontierra@gmail.com
Para más información visita nuestros portales electrónicos:
- cuerpoadentro.com,
- belovedbodysoul.com,

Este libro de poesía es fruto de mi imaginación. Cualquier parecido con personas, vivas o muertas, negocios, empresas, eventos, instituciones o escenarios es puramente casual.

Diagramación del libro © 2017, BookDesignTemplates.com
Diseño del libro: por María Mar
Arte y diseño de cubierta: por María Mar
Ilustraciones de los poemas por María Mar

Cuerpografías/Corazón Tierra. -- 1st ed.
ISBN 978-0-9843670-2-3

Cuerpografías

Poesía para amar tu cuerpo

Corazón Tierra

Ilustraciones de María Mar

DanzaBooks Imprint | ShamansDance Publishing &
Productions, Inc. | Nueva York

Dedicatoria

A todas las mujeres de mi línea materna
cuya sangre bendice mi cuerpo

A mi madre, Antonia Laboy, por su inquebrantable fe,
corazón generoso, amor y presencia en mi vida

A mi padre, José Pedro Padilla, por su profunda capacidad
de apreciar y contemplar la belleza de la naturaleza

A María Mar, amiga del alma, maestra espiritual, mentora,
socia y compañera artística, por ayudarme a rescatar mi
grandeza y ofrecerme un camino mágico de transformación

"Tu verdad está en tu cuerpo".

— Maria Mar

*Chamana y autora de "Angelina & the Law of
Attraction" y otros libros de ficción y autoayuda*

Contenido

Invitación

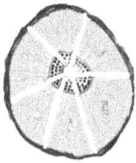

En cada una de las células de tu cuerpo existen millones de historias en constante movimiento. Estas historias se expresan en el flujo de las emociones, viajan por los tejidos y huesos, y se hacen presentes en el territorio de la poesía.

Cuerpografías revela una historia orgánica de transformación profunda. Viaja por los quebrantos que causa la obsesión por ser delgada. Poema a poema, reclama las fuerzas que armonizan cuerpo, mente, alma, emociones y espíritu.

Hace muchos años vivía aterrada de mi cuerpo. Sentía que era un enemigo al que yo debía vencer reprimiendo su crecimiento natural y expresión orgánica. A los 22 años de edad me encontré en un abismo. Sólo tenía dos alternativas: seguir atrapada en la anorexia o lanzarme al abismo de mi mundo interior.

Escogí la segunda alternativa. Viajé hacia dentro de mí misma para desatar los nudos que me robaban mi presencia.

El chamanismo, la danza, la poesía y la expresión creativa — tanto en movimiento y danza como en escritura creativa, arte visual, manualidades y llevar un diario— fueron caminos que me ayudaron a rescatar a mi yo verdadero.

Hoy, en estas páginas, comparto contigo, desde mi poesía y las ilustraciones de la chamana y artista María Mar, un camino de transformación personal para amar tu cuerpo incondicionalmente.

Cuerpografías es una invitación a suspender las miradas que juzgan al cuerpo desde afuera. Es una invitación a sentir tu cuerpo desde adentro. Te invito a que leas cada poema sintiendo la respiración profunda que sucede en cada una de tus células, segundo tras segundo.

Corazón Tierra
DanzaDiosas

La punta de un hilo
brillaba en la madeja
La enhebré entre mis pies
y puntada a puntada
zurcí con su luz mis adentros.

A NY en busca de tierra

Llegué a esta ciudad con una maleta llena de ausencias, desterrada de mí misma, corriendo, corriendo, contando calorías, cortando comidas, midiendo las pulgadas perdidas, borrando mis curvas, haciéndome pequeña, pequeñita.

Mujeres descoloridas, aplanadas, editadas, enmarcadas en pantallas, en páginas de revistas, captadas por el ojo de la cámara, capturadas por el ojo de la vergüenza.

Capturadas en el hambre del primer mundo.

A las mujeres latinas no les da anorexia.

Decían...

A las mujeres latinas no les da anorexia porque los hombres latinos prefieren a las mujeres con curvas.

Decían a ciegas sin ver a Carmen ayunando porque no podía cambiar su nariz ni su boca ni sus rasgos afrolatinos, pero sí eliminar sus curvas.

Decían a ciegas sin ver a María ahogándose en el gimnasio, tratando de caber en el molde del éxito, porque tenía que ser más perfecta que las otras, las que no tenían un acento latino, las que no cargaban el sueño de una familia que se extendía por todo el continente latinoamericano.

Decían a ciegas sin ver, sin sentir el hambre del alma pegándose en las costillas como un parásito.

Llegué a este país con una maleta llena de ausencias desterrada de mí misma, con una maleta llena de ausencias y de sueños.

Buscando tierra, excavando en mis adentros, arrancando la venda que me hacía ciega a mí misma, rompiendo las etiquetas pegadas a mi ADN, mudando lo que me hacía pequeña: el miedo, la vergüenza, la angustia, ahondando en mi alma, re-membrando mi origen de diosa, reclamando el territorio de mi cuerpo.

No fue fácil desatar la hebra.
Se quedaba enmarañada en un
nudo de ausencias
y tuve que deshilachar,
deshilar las memorias
que se enzarzaban en la espiral
del tiempo.

Búsqueda

Intenté encontrar la tierra.

Sentir su sustancia en mis pies.

Pero el hambre me estaba devorando

y ya no podía sentir nada.

Me encontraba al borde de la muerte.

Allí sólo quedaban las memorias.

La niña que una vez fui y que no pude ser.

.

*Una hilaza de luz se soltó del ovillo
desenvolviendo atardeceres en un lienzo y
desplegando alegrías en un mantel.*

Remembranzas

Una niña resplandeciente empezó a emerger de la niebla que nublaba mi memoria. Era una niña mágica, silvestre, que trepaba gigantescas piedras para alcanzar los tamarindos, dulces como los mangos, agrios como un limón. En su mundo abundaban los sabores y olores de los frutos de la tierra, su tierra, la finca que había bendecido a su familia durante generaciones.

El suelo que pisaban sus pies estaba lleno de remembranzas. Su bisabuelo les había dejado la finca a sus cuatro nietos, pero había sido su mamá la única que había decidido echar raíces en la Isla. Todos los demás se trasplantaron a la fría ciudad de las tumbas.

Su casa había sido construida en la falda de una loma, cerca del árbol de aguacate que tanto quería su mamá. Contaba su mamá que el bisabuelo había sembrado ese árbol cuando se enteró de que ella vendría al mundo. Creció junto a él. Jugó bajo su sombra, saboreó sus frutos y ahí mismo había decidido sembrar los cimientos de su hogar.

Era una tierra bendecida, fecunda, con raíces profundas. Enormes ñames salían de su vientre para alimentar a toda la familia. Ancestrales árboles crecían guardando los secretos de la abundancia. Algunas frutas, casi desaparecidas en toda la Isla, se regocijaban en ofrecer su sustancia. Las refrescantes calambreñas, los misteriosos caimitos, los generosos corazones. Todas ellas bendecían a la familia de esa niña con su dulzura.

Dulzura.

Así recuerdo el corazón de aquellos luminosos días. Tan amarillos y anaranjados. Despertaba con el cacareo de las gallinas y sus pollitos, quienes le hacían coro al profundo cante del gallo. Todas las tardes una lluvia de maíz salía de mis manos para alimentar estas generosas aves. El amarillísimo maíz caía sobre el suelo haciéndose uno con el amarillo del atardecer que se divisaba en el horizonte.

Amarillo y anaranjado.

Esos son los colores que reinan en las memorias de esa primera infancia. El amarillo de los guineos madurando bajo los amarillos rayos del sol, el anaranjado amarillo de los gigantes mangos que sólo papá sabía cosechar. El amarillo en los ojos de mamá, que brillaban cuando todos, mis hermanos, papá, ella y yo, nos sentábamos a la mesa a recibir las bendiciones de nuestra tierra.

El brillo amarillo y anaranjado de mi sol tropical se hace más intenso hasta que me quema la memoria y todo se hace cenizas. Entonces lo único que recuerdo es una nube gris. Lo único que siento es el peso de las lágrimas en el fondo de mis ojos viajando hacia adentro por un oscuro túnel.

Una niña de siete años se asoma en mi memoria. Cuenta los granos de arroz uno a uno, dos a dos, montoncito tras montoncito. En su mente repite las tablas de multiplicación intentando acallar el silencio nebuloso que flota sobre la mesa. Afuera en el patio se cae un fruto al suelo. Nadie presta atención. Saben por el súbito chasquido que la pana se echó a perder. Así pasa cuando el árbol crece muy alto y nadie puede alcanzar sus frutos maduros.

La dulzura de las frutas seguía germinando a mi alrededor, pero nada abría mi apetito. La amargura me comía por dentro.

Hilaza de luz.
Hilacha de niebla.

La promesa del arroz

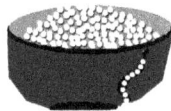

Tengo que ser fuerte.
La promesa del arroz no se cumplía.
Mi mirada se perdía en el plato
buscando respuestas.
¿Por qué mamá no ha sonreído?

Los granos caían de la cuchara al plato,
una y otra vez,
huyendo de mí.

Papá no habla. ¿Será que no tiene dinero?
Frío.
La comida se enfriaba esperando por el calor de mi boca.

Mamá se queja de papá. El no es cariñoso.
Seco.
"El arroz quedó seco", decía papá.

Una lluvia seca
encima de los novios cuando salen de la iglesia.
Arroz para que no falte el pan.

No me faltaba el pan,
pero el estómago siempre se quedaba vacío,
apretado contra mis costillas.
· Después, sólo sentía un nudo en la garganta.
Amargo.
No me dejaba comer.
Ni llorar.

Tienes que ser fuerte.
Y el arroz no cumplía con su promesa.

Corren los grises por el carrete
ensartando nubes en mis ojos.

Una nube gris

Una nube gris se apoderó de mi casa. Dentro de esa nube se desataban las peleas de mamá y papá. El llegaba tarde todas las noches, casi borracho. Llegó borracho muchas veces. Lo recuerdo. Las interminables cantaletas de mamá lastimaban mis oídos. Mi hermano Pedrito no sabía obedecer, por eso, papá le pegaba dos veces al día.

El cacareo de las gallinas torturaba mi cabeza. La claridad que se colaba por las persianas me dejaba ciega. En el borde de mis ojos se ahogó la luz. Entre las cuatro paredes de mi habitación me tragué el llanto. No me quedó espacio para el hambre.

Seguí desdoblándome
en un cilindro sin salida.

La ausencia del sol

¡Que nadie me vea!

La ausencia del sol
reinaba en mi pequeña fortaleza.

Vivía entre cuatro paredes,
aislada.

En la oscuridad borraba
las miradas de mi madre,
las respuestas aplanadas de mi padre.
Olvidaba las caricias que se disolvían
antes del tacto.

Me encerraba en mi pequeño cuarto.
Cerraba su única ventana.
Nada entraba,
ni un color, ni una melodía, ni un rayo de luz.

Nada.

Pero no había silencio.

Laboriosas en mi mente
las voces construían muralla tras muralla.

¡Que nadie me vea!

Me sentía tan protegida en aquel pequeño cuarto.
Protegida y pequeña.
Sola.

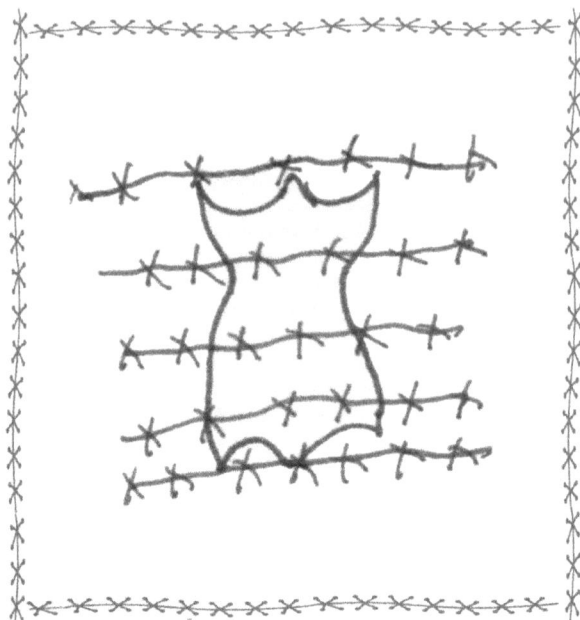

Los hilos eran de metal
de metal eran los hilos
que encadenaban mis curvas.

Alfileres y alambre frío.

Postura del éxito

Sostenida por mi inquebrantable fuerza de voluntad, me mantenía aferrada a mi habitual pose: los hombros encorvados con los brazos tiesos, las rodillas a punto de quebrarse por la tensión y los pies arraigados al suelo como si fueran pezuñas de hierro. Aunque me encontraba envuelta en la más exquisita seda, mi cuerpo no se dejaba seducir ni por un instante. Ya llevaba muchos años viviendo en esa postura. Nada ni nadie me sacaría de ella, ni siquiera lo que se escondía bajo las brillantes medallas que relucían en mi pecho.

Maria Mar 2015

Si suelto este nudo
se desgarra mi corazón
con tanta ausencia.

Pecho compungido

Tengo que ser la número uno.

Las medallas relucían en mi pecho.
Premios por ser primera,
por dar la respuesta perfecta,
por descubrir la fórmula matemática del éxito académico.

Resplandecientes
anunciaban mis victorias en las batallas
contra las curvas, el llanto y las risas.

En mi pecho compungido los escudos brillaban...

Yo me marchitaba.

Maria Mar 2015

Me entretejí en una cobija de estrecheces
y para arroparme
me hice pequeña.

¿Mi victoria?

Todo el mundo a mi alrededor celebraba mis logros. Me acababa de graduar de la escuela secundaria con una multitud de premios. Me felicitaban y me elogiaban, pero yo me mantenía distante, casi a la defensiva. En mi rostro no se asomaba ni una leve expresión de alegría. Sabía que estas victorias eran sólo el comienzo, que todavía tendría que pelear muchísimas batallas antes de alcanzar el éxito absoluto.

Quizás por fuera, ante los ojos que no se atreven a traspasar las apariencias, yo parecía una chica afortunada, tal vez demasiado delgada y exageradamente perfeccionista, pero afortunada. Una joven inteligente y disciplinada que había sabido aprovechar las oportunidades que sólo se presentan una vez en la vida y que no había perdido el tiempo, ni con fiestas ni con chicos. Una mujer joven, aunque todavía parecía una niña, que tenía su vida por delante.

En mi mente yo también me consideraba una persona que sabía mantener su vida bajo control. Había alcanzado algo que para muchas mujeres es tan sólo un efímero sueño: detener el salvaje crecimiento de las caderas y los senos, de los muslos y las piernas, borrar la exuberancia latente antes de que tomara posesión de mi cuerpo. A los 18 años de edad pesaba la misma cantidad de libras que pesaba cuando tenía 12 años: 85 libras que ante el espejo se convertían en una enorme masa de desprecio.

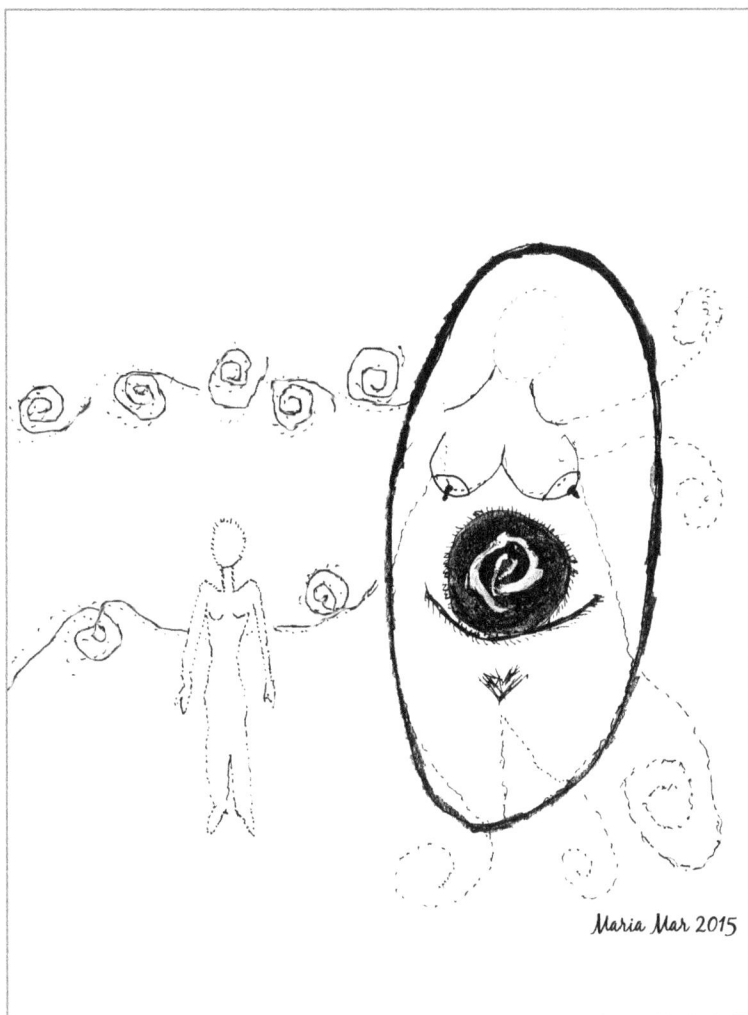

Maria Mar 2015

Abrigo de amarres
enfundando la angustia
en un saco de huesos.

Ni principio ni fin

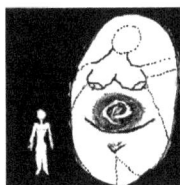

Gorda para siempre.

El espejo era certero.
Mi cuerpo no tenía fronteras.
En mis caderas no había principio ni fin.
Un precipicio se abría en el fondo de mi estómago.

¡Gorda para siempre!
Jamás.

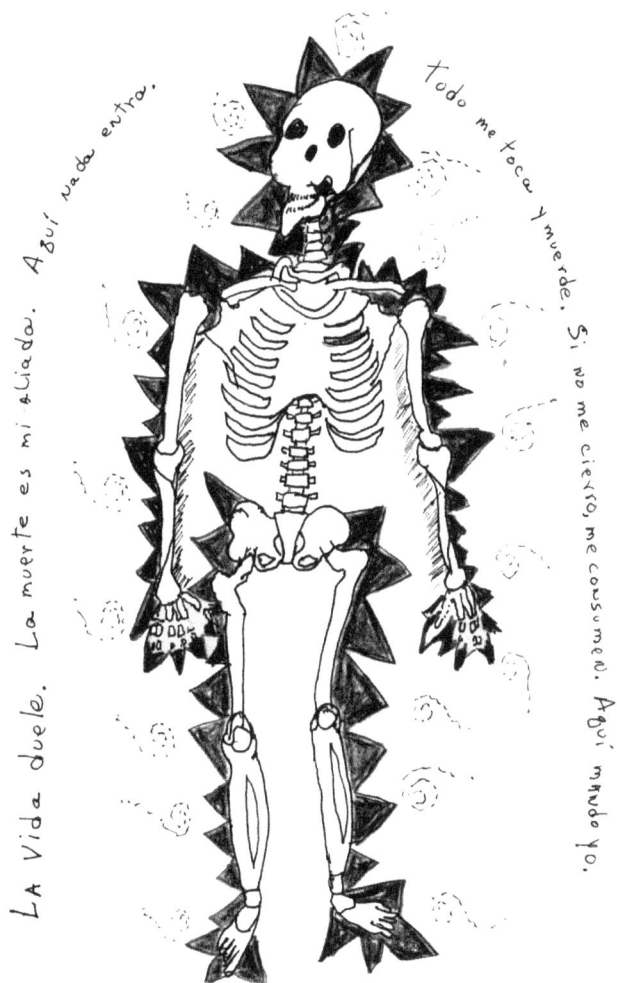

Era todo esqueleto.

85 libras de miedo

Las personas a mi alrededor no lo sospechaban, no sabían que mi cuerpo y, no las matemáticas ni las ciencias ni las letras, era el campo que mejor dominaba.

Eso pensaba mi mente. No era capaz de tocar el miedo que se escondía dentro de mis 85 libras.

Años después, cuando me encontré al borde de un abismo, sentí el peso de mi miedo y mi cuerpo me contó la historia que siempre había estado agazapada en mis huesos.

Esqueleto descosiendo
el miedo de la carne.
Anudado en una madeja de sombras.

Anclada en el miedo

Quieta.

Anhelaba marcar la arena con mis huellas.
Correr a la deriva del viento.
Dibujar espirales saltando.
Bailar a caudales.

Quieta.

Mi cuerpo anclado en el miedo
sólo anhelaba.

Anudada. Anulada.
No podía enhebrar el corazón
con el hilo del paraíso.

El ahogo de la gracia

Mis brazos siempre intentaban expresar algo que se cobijaba en mi alma, pero no podía entregarme a su impulso. Ese algo se enmudecía, tropezaba y se paralizaba dentro de la armadura en la que me encontraba cautiva. Desde allí sólo podía escuchar un lejano lamento, una nostalgia, un deseo de expresar mi armonía. Pero el terror era más potente que mi deseo, corría desde mis pies hasta mi corazón ahogando cualquier indicio de gracia. ¡Que mi belleza no se atreviera a ocupar espacio en el mundo!

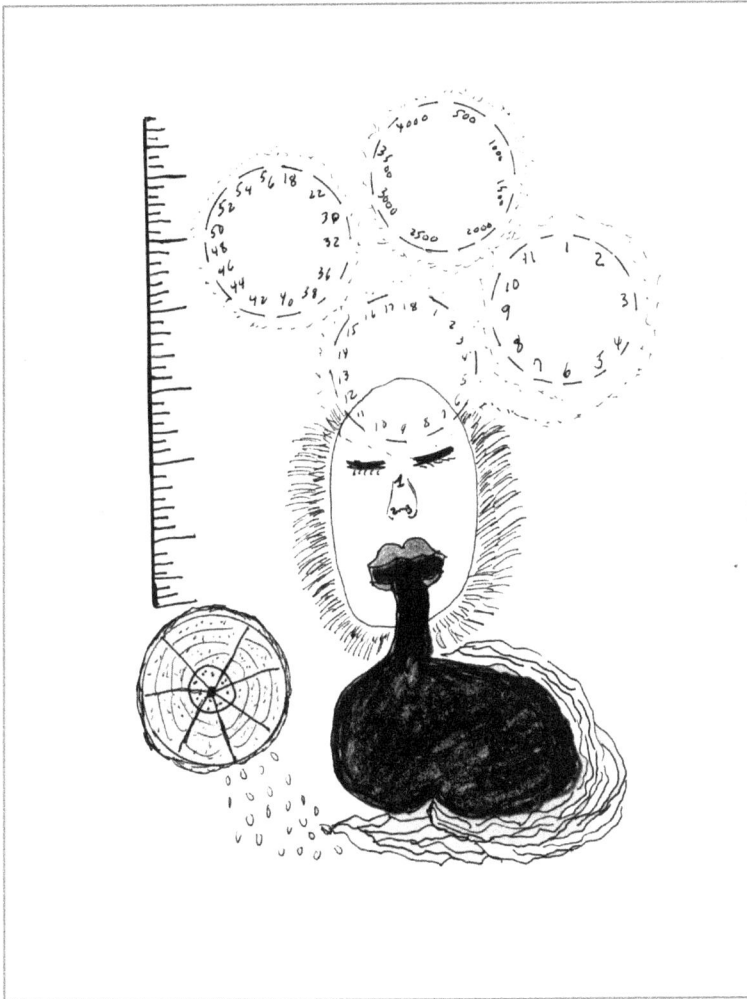

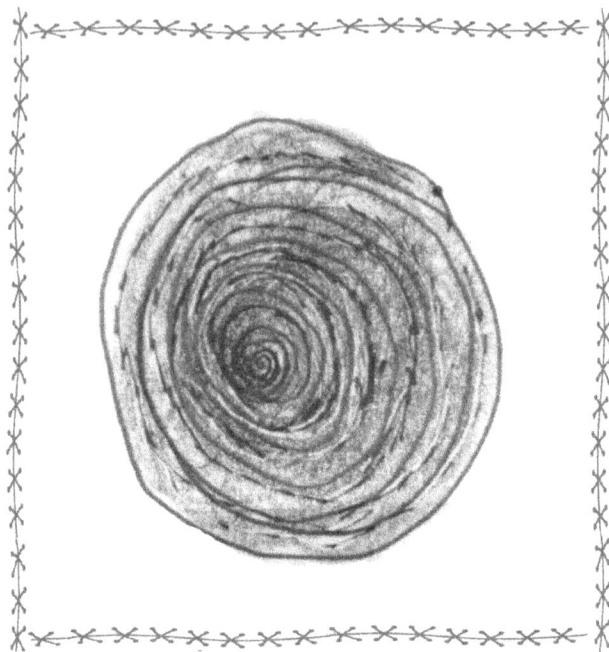

Desenrollaba y desenrollaba
en una vorágine cerrada...

Restando

Tengo que correr más rápido que el tiempo.

Se acabaron los minutos para saborear el jugo.
El paladar no cumplía con ninguna función práctica.
Mi lengua sólo podía contar calorías.
Quinientas aquí, doscientas allá,
restando, nunca sumando
midiendo los centímetros de mi ausencia.

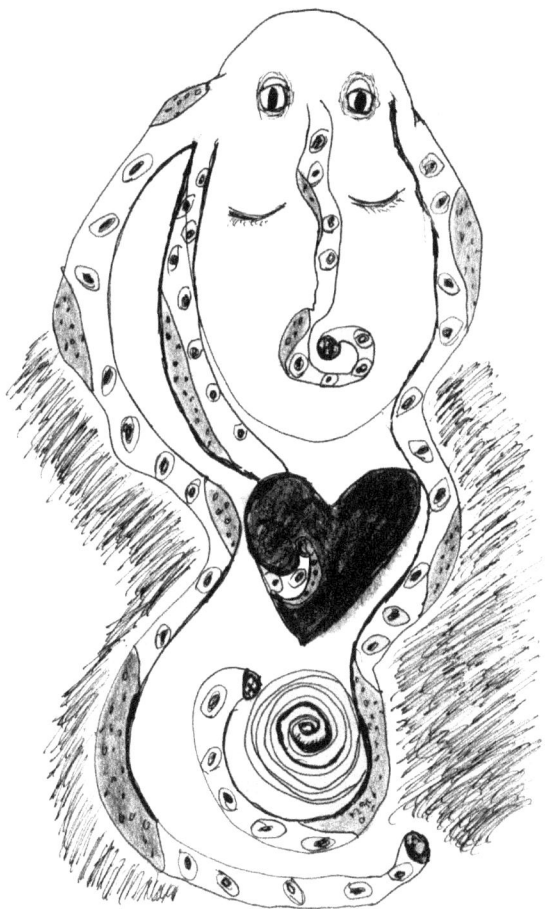

destejiendo mi origen de Diosa...

Cuerpo en guerra

En mi cuerpo apenas se asomaban las curvas. No existía sustancia entre mis huesos y mi piel. Atrapada en la anorexia vivía para borrarme del mundo. Mi mente le había declarado la guerra a mi cuerpo y me estaba dejando achatada, casi sin dimensiones.

Esa guerra era dirigida por un aspecto mío que desesperadamente buscaba mi poder, una entidad cuya estrategia para afirmar mi identidad consistía en controlar las cualidades que me hacían vulnerable en el campo de batalla.

"Si te dejas dominar por tus miedos, serás devorada por las fieras del mundo", me advertía mientras apretujaba todos mis miedos en un rincón de mi estómago.

"Si quieres ser una mujer exitosa e independiente, tienes que mostrar tu fuerza. No te atrevas a derramar ni una lágrima", ordenaba anudando cada una de mis lágrimas.

"Si quieres ser poderosa, olvídate de las tonterías femeninas. No te pongas vestidos color de rosa con encajes. No te atrevas a expresar cariño ni dulzura", gritaba borrando los trazos femeninos de mi existencia: la gracia, la voz tierna, la intuición.

Yo no lo sabía. No sabía que volar era el destino de mi corazón, que mi cuerpo estaba hecho con el fuego de la tierra.

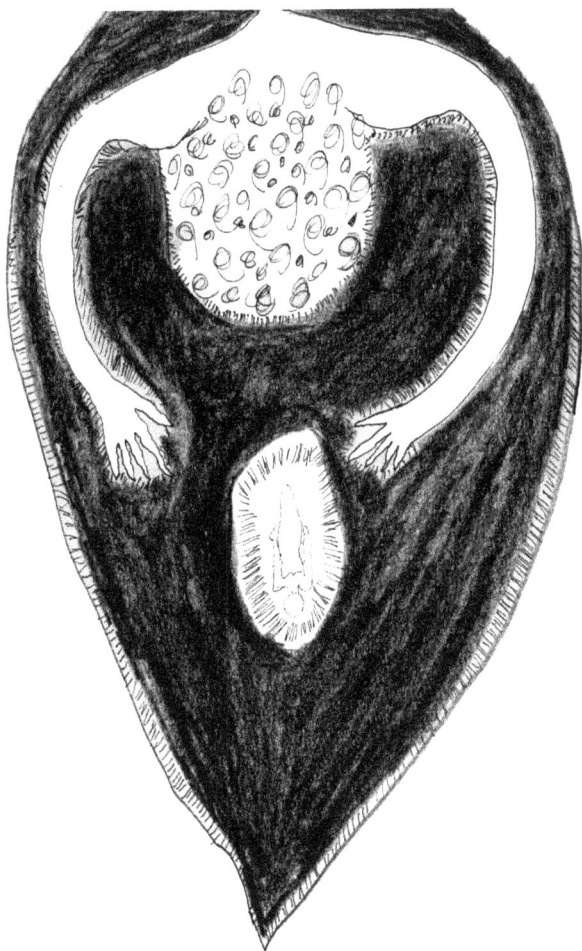

hasta que una lágrima
se desensartó de la coraza
y dio la primera puntada del regreso.

Regreso al mundo de los vivos

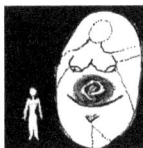 Me encontré al borde de un precipicio mirándome en su oscuridad y allí la vi, casi desaparecida, a punto de borrarse por completo. Una imagen de un grotesco cuerpo que se extendía sin fronteras intentó posarse ante mi vista, pero un feroz zarpazo salió de mis manos para hacerlo añicos. La Casi Desaparecida volvió a aparecer por un instante y luego se esfumó en el abismo. Sin pensarlo un segundo, me lancé tras ella.

Al caer en el profundo abismo se empezaron a desprender las medallas que llevaba prendidas a mi pecho. Con ellas desaparecieron todas las estrategias que durante años me habían mantenido en un estado de guerra.

Caí sobre el barro, húmedo y cálido, me recibió con un abrazo que me llegó hasta los huesos. Mis manos lo palparon sintiendo su espesura y sustancia, su flexibilidad. Quise masajear mis brazos, pero al intentarlo, me encontré con unos huesos muy frágiles envueltos en una piel amarillenta. Me asusté y empecé a palpar todo mi cuerpo, mis senos y mi estómago, mis muslos y mis piernas. Pero sólo encontraba más y más quebradizos huesos envueltos en una piel tan finita que parecía estar a punto de henderse. Mi cuerpo entero casi no ocupaba espacio, estaba desapareciendo, yo era la Casi Desaparecida y ella había sido yo durante mucho tiempo.

Un torbellino de memorias me atrapó el cuerpo: mi desmedida obsesión por controlar mi vida, los constantes ayunos, la compulsiva y excesiva atención que ponía en las calorías, las matemáticas y los estudios, mi necesidad de ser aceptada por los demás, la determinación de convertirme en una persona exitosa para ser aceptada y querida, la sed de cariño, mi tristeza, una nostalgia por algo que se cobijaba en mi alma.

Entonces de mi cuerpo brotaron ríos, ríos de lágrimas viejas, lágrimas que yo misma había atado por miedo a ser débil. Salieron con un gran ímpetu, corrientes desembocando en el barro, arrasando con las ataduras, despertando partes olvidadas de mi cuerpo. Cada lágrima que lloré abrió caminos para rescatar los retazos olvidados de mi alma, para regresar a mí misma. Fueron muchas horas, muchos días, muchos años de llanto.

Poco a poco despertaron todos mis sentidos. El suntuoso barro me recibió en su cuerpo, masajeándome con su espesura y calor, dándole sustancia al saco de huesos que era mi cuerpo. Y mientras me entregaba para ser esculpida, una oleada de aire recorrió mi interior resucitando sensaciones que me hacían vibrar al ritmo de mi corazón. Entonces escuché su palpitar: una fiera salvaje lista para saltar tras su presa, un volcán reclamando territorio con su lava, un huracán bailando su furia. ¿Estaba todo eso dentro de mí, agazapado en mi corazón? Un exquisito olor, que me hacía recordar un atardecer en la playa, llegó hasta mí. En mi estómago sentí un revoltijo, un malestar que parecía haberme acompañado durante mucho tiempo y que yo había dejado en el olvido.

"Hambre", me dije. "Tengo hambre".

Como si ese reconocimiento guardara un código mágico capaz de transportarme a otro mundo, me encontré rodeada por frondosos árboles repletos de frutas en los colores más relucientes que había visto hasta entonces. Las ramas se extendían hacia mí ofreciéndome sus deliciosos manjares. Una fresa cayó en mis manos. Segundos después, su agridulce sabor me empezó a devolver al mundo de los vivos. Aprendí a recibir los alimentos, los regalos de los árboles, de la tierra, y poco a poco, la sustancia de la tierra se hizo presente en mi cuerpo, y poco a poco, mi cuerpo empezó a ocupar espacio en la tierra. Un día me di cuenta de que la fuente de mi poder no estaba en las estrategias que desesperadamente había diseñado para caber en el mundo. No. La fuente de mi poder estaba en mi cuerpo, no en el cuerpo ideal inventado por la sociedad, sino en mi cuerpo de tierra.

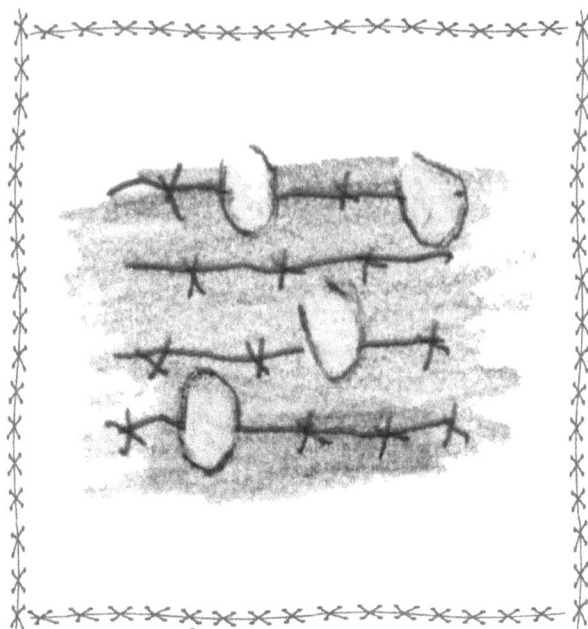

Aguja de llanto
deshilachando ausencias.
Aguja de agua
deshilando espinas.

Retorno a la tierra

Silencio.

El viento canta nanas a mi oído.
Su voz sacude el miedo de mis huesos.
Respiro.
El aire cabe dentro de mi cuerpo
Despierta de un largo sueño,
la vida.

Silencio.

Caigo por el precipicio del espejo.
Los siempre y los jamás se hacen añicos.
Mi cuerpo se entrega a una corriente.
Un río luminoso arrasa con los disfraces.
Su luz devora mis máscaras.
Desnuda siento mis fronteras.

Silencio.

No tengo prisa.
El sol disipa mi angustia.
Una naranja quieta en el tiempo.
Su zumo es amanecer en mi boca.

Silencio.

Una punzada hiende los escudos.
Es una espina desenterrando el llanto.
Las lágrimas brotan como pétalos.
Nace una rosa.

Silencio.

Una manzana
sonrosada se entrega a mi paladar.
Su pulpa me despierta al deleite.
En su sabor
trae el abrazo de la tierra.
El paraíso nace en mi cuerpo
y el silencio se rompe con mi canción.

Mi canción es guerrera.
Derrumba murallas.
Vence regimientos.
Reclama el territorio de la presencia.
La luna echa raíces en mi vientre.
Retorno a la tierra.

Quedé desmadejada
desenmarañada
desanudada de las estrecheces
desprendida del carrete de las sombras
con mis hilos hilvanándose en un tejido
de gracia.

Los pasos de la presencia

Mis pies vuelan sobre el suelo caminando hacia un cielo vasto. Ando por esta tierra desnuda de ausencias sin las pesadas maletas del pasado. Mi único equipaje es mi alma que se transporta en el cuerpo, en la carne y en los huesos de mi presente.

Voy en el aquí y ahora siendo una con el tiempo, fuera de la esfera del reloj. Voy llena y vacía, llena de tierra y agua, de sangre que corre en mis adentros como un río de fuego encendiendo estrellas.

Voy llena y vacía de aire volviéndome una hoja en el viento o una caricia en el rostro de la ciudad. Camino quieta navegando en el mar de mis células. Soy ahora un microcosmos en el macrocosmos sin antes ni después con curvas que me llevan constantemente al centro de la llama.

Deshilachando ausencias

La punta de un hilo
brillaba en la madeja
La enhebré entre mis pies
y puntada a puntada
zurcí con su luz mis adentros.

No fue fácil desatar la hebra.
Se quedaba enmarañada en un nudo de ausencias
y tuve que deshilachar,
deshilar las memorias
que se enzarzaban en la espiral del tiempo.

Una hilaza de luz se soltó del ovillo
desenvolviendo atardeceres en un lienzo
desplegando alegrías en un mantel.

Hilaza de luz.
Hilacha de niebla.

Corren los grises por el carrete
ensartando nubes en mis ojos.

Seguí desdoblándome
en un cilindro sin salida.

Los hilos eran de metal
de metal eran los hilos
que encadenaban mis curvas.

Alfileres y alambre frío.

Si suelto este nudo
se desgarra mi corazón
con tanta ausencia.

Me entretejí en una cobija de estrecheces
y para arroparme
me hice pequeña.

Abrigo de amarres
enfundando la angustia
en un saco de huesos.

Era todo esqueleto.
Esqueleto descosiendo el miedo de la carne.
Anudado en una madeja de sombras.

Anudada. Anulada.
No podía enhebrar el corazón
con el hilo del paraíso.

Desenrollaba y desenrollaba
en una vorágine cerrada
destejiendo mi origen de Diosa
hasta que una lágrima
se desensartó de la coraza
y dio la primera puntada del regreso.

Aguja de llanto
deshilachando ausencias.
Aguja de agua
deshilando espinas.

Quedé desmadejada
desenmarañada
desanudada de las estrecheces
desprendida del carrete de las sombras
con mis hilos hilvanándose en un tejido de gracia.

Maria Mar 2015

En un principio

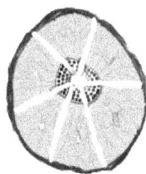

En un principio fue la célula,
vasta y diminuta llevaba dentro de sí la memoria de la
Diosa.
En un principio fui una,
una sola y una con todo el cosmos.

Fui una después de un aliento de amor,
un planeta brillando en la oscuridad del vientre,
vibrando ondas infinitas.

¿De dónde soy?
Del fondo,
de la tierra en mis raíces,
del agua que navega dentro y fuera,

del aire que entra y sale,
del fuego ardiendo en mi pecho.

¿De dónde soy?
de la célula.
de la primera,
esfera ancestral,
átomos formándose y deformándose.

En silencio soy.
En la quietud soy.
Cuerpo adentro soy.
Soy una. Soy yo. Soy tú.
Cuerpo adentro soy una con todo,
la Diosa que seguirá viviendo por los siglos de los siglos.

Canasta de regalos digitales

Disfruta de una canasta de productos que te ayudan a vivir feliz en tu cuerpo y fortalecer tu autoestima.

Incluye:

- Afiche Digital a colores con el arte de María Mar que aparece en la cubierta del libro para tu dispositivo electrónico (Smartphone o tableta)
- *Bendice tu cuerpo* (Libro digital) - 7 bendiciones que puedes practicar a diario para ser feliz en tu cuerpo. (Libro digita/Formato PDF)
- *La mujer en el espejo* - Narrativa literaria y 7 acciones para superar los complejos que te roban tu belleza (Libro digita/Formato PDF)
- *3 bálsamos para tu autoestima* - Hoja de consejos de Corazón Tierra
- *3 accione*s para despertar tu diosa interior - Hoja de consejos de Corazón Tierra
- *7 maneras sencillas de despertar la sabiduría de tu cuerpo* - Hoja de consejos de Corazón Tierra
- Avisos especiales de nuevos libros de Corazón Tierra
- Comunicación periódica de Corazón Tierra

Para acceder a esta canasta de regalos, visita esta página web: http://cuerpoadrento.com/canasta

Corazón Tierra

Destacada en Univisión y en la televisión española, Corazón Tierra es poeta, narradora y artista de la danza reconocida a nivel internacional. Su misión es crear oportunidades que te permitan sentir la sabiduría de tu cuerpo desde adentro para tu bienestar, transformación, liderato y creatividad.

Creadora de la filosofía *DanzaYo* y la práctica *DanzaSpa*, Corazón es líder en el campo del movimiento somático y danza holística. Tierra enseña a mujeres, padres, maestros y niños a cultivar la inteligencia del cuerpo.

Su proceso de sanación

Corazón es una de las pocas mujeres en el planeta que ha descubierto su propio camino para sanar su anorexia y que ha desarrollado un sistema basado en esta experiencia. *CuerpoAdentro* (*Beloved BodySoul*) es su proceso para sanar la autoestima corporal mediante la danza, la escritura creativa y el arte.

Como una de las pocas expertas Latinas en Estados Unidos especializada en ayudar a la mujer a sanar su autoestima corporal, Tierra ha ayudado a miles de mujeres en tres continentes a desarrollar una relación positiva con sus cuerpos. Cientos de mujeres en Estados Unidos, África del Sur, España y Puerto Rico han experimentado el poder transformativo de las enseñanzas *CuerpoAdentro*.

Sus vivencias la llevaron a descubrir su misión y desarrollar su filosofía *DanzaYo*. Corazón expresó esta filosofía en su tesis de maestría en Danza y Movimiento Somático adquirida en The University of Central Lancashire, New York bajo el título *DanzaYo: The Dance of Body and Self in the Latina Culture (Feeling Bodily Experience from Within through Somatic Movement Education)*.

Los escritos de Corazón

Sus escritos de baile en *About.com en Español* han llegado a miles de lectores en el mundo hispano. Sus artículos de salud, bienestar, nutrición y autoestima corporal han impactado a miles de hispanas en revistas tales como *Latina, Siempre Mujer, Shape en Español, Healthy Kids en Español, Ser Padres, Voxxi.com, Mamiverse.com* y *Bellezaxl.com*.

El blog *Cuerpoadentro.com* —visitado por miles de lectores al mes—ofrece su contenido de autoestima, bienestar, alimentación y salud, y es una fuente internacional de información para vivir feliz en el cuerpo.

El libro digital *Bendice tu cuerpo*, se ha convertido en un recurso de autoestima corporal para mujeres hispanas en Estados Unidos, Latinoamérica y España.

La prosa de Corazón acerca de su proceso sanativo ha sido incluida en dos antologías: *Ana y su anorexia: Más allá de no comer* (Editorial La Biblioteca, 2005) y *Abriendo caminos: Antología de escritoras puertorriqueñas en Nueva York 1980-2012* (Editorial Campana, 2011)

Su labor en la comunidad

Corazón también ha sido coordinadora de la Semana Nacional de Concientización Acerca de los Trastornos Alimenticios organizada por NEDA (National Eating Disorders Association).

Sus eventos se han presentado en Estados Unidos e internacionalmente, y fusionan la danza, el teatro, la poesía y el viaje chamánico para promover armonía, bienestar, transformación y autoestima en los espectadores.

Estos eventos incluyen: *La Casa a cuestas, Los nueve rostros de Oyá, CuerpOdiosa, Desmadejando ausencias, El cántaro de la diosa: Origen, El río (Dancing the Poetry of Tanya Torres), El Grito (Dancing the poetry of Myrna Nieves), Pasos para la paz (Dancing the Poetry of Julia de Burgos and Federico García Lorca), Promesas (Magdalene Dance Meditation No.1)*, y más recientemente *Cuerpografías, Sacred Heart: Sacred Dance (Magdalene Dance Meditation No.2) y Quietud en la tormenta (Santuario de paz interior en medio del caos).*

Actualmente Corazón enseña su filosofía y prácticas en aulas escolares, programas educativos y entrenamientos para padres y maestros en la ciudad de Nueva York.

Sus eventos escénicos, charlas y talleres están disponibles para instituciones a nivel nacional e internacional.

Conclusión

Mediante su filosofía *DanzaYo*, su sistema *CuerpoAdentro*, sus programas *EduDanza* y *DanzaSpa,* y sus eventos y escritos, Corazón abre camino para que liberes la danza natural de tu ser y accedas a la sabiduría de tu cuerpo para vivir una vida feliz, saludable, auténtica y exitosa.

Contacta a Corazón

Portales
Blog:
http://www.cuerpoadentro.com
Website (English)
http://www.belovedbodysoul.com

Redes sociales
Facebook
https://www.facebook.com/corazon.tierra
Twitter
https://twitter.com/CuerpoAdentro
LinkedIn
https://www.linkedin.com/in/corazon-tierra

Instituciones
Para eventos:
Correo Electrónico corazontierra@gmail.com

Consultas
Matricúlate a una sesión privada con Corazón Tierra
http://cuerpoadentro.com/consultas/

María Mar

María Mar es una veterana en el arte de la transformación. Te ayuda a usar la brocha de tu creatividad para pintar tu vida y tu trabajo con los colores genuinos de tu espíritu, para que reveles tu magia, asumas tu grandeza, expreses tu potencial y vivas tu propósito.

María Mar es una artista-chamana que utiliza la creatividad como vehículo de transformación, sanación y actualización.

Su arte visual se ha presentado en galerías, *performances*, universidades y otros eventos a nivel internacional.

Como artista visual crea instalaciones tridimensionales e interactivas, ambientes teatrales, y arte en el cuerpo y vestuario.

Mar ilustra poemas, relatos y otros escritos, creando un viaje visual que sumerge al lector en la experiencia.

Crea también arte digital y diseña cubiertas de libros y productos así como experiencias virtuales en multimedia.

Mar es poeta, cuenta-cuentos y autora de ficción y no-ficción. Destacada en PBS-TV por sus *performances*, es reconocida internacionalmente como chamana y maestra espiritual.

DanzaYo

DanzaYo es una filosofía y un estilo de vida para liberar la danza natural de tu ser auténtico que te permite disfrutar de bienestar, acceder a tu creatividad, afirmar tu liderato y apoyar tu transformación.

Los beneficios de *DanzaYo* en tu vida son:
- Sentir la experiencia de tu cuerpo desde adentro. Esto te rescata del sentido de insuficiencia que proviene de medirte con los estándares de un cuerpo ideal adquiridos desde afuera.
- Cultivar el poder de la presencia en el liderato, la salud y la felicidad.
- Liberar la gracia orgánica inherente en la danza natural de tu ser autentico.
- Reclamar tu cuerpo como el primer territorio de tu existencia para afirmar tu autoridad propia y agencia personal.
- Mejorar tu autoestima corporal, que es la raíz de la autoestima, autovalorización y autoconfianza.
- Experimentar la inteligencia de tu cuerpo y su poder de promover tu salud y felicidad.

- Apoyar el proceso de sanación y bienestar desde una perspectiva autodirigida.
- Desarrollar tu liderato mediante la liberación de tu agencia en forma proactiva y creativa.

DanzaSpa

DanzaSpa es una práctica de movimiento restaurativo que fusiona la danza holística, el movimiento somático y la danza improvisación para revitalizar el cuerpo, la mente y el alma.

Mediante movimientos inspirados en la naturaleza, ejercicios de flexibilidad, relajación y respiración, y danza libre, *DanzaSpa* ayuda a ejercitar el cuerpo entero y a despertar el poder sanativo del cuerpo.

Creada por la bailarina y experta en movimiento somático, Corazón Tierra, *DanzaSpa* activa la inteligencia de tu cuerpo para que te muevas de maneras que te hacen sentir relajada, energizada y en paz.

EduDanza

EduDanza es un programa educativo de danza y movimiento somático que ayuda a los niños a nutrir la inteligencia corporal cinestésica.

En un ambiente libre de juicios, Corazón ofrece oportunidades creativas mediante la danza, el movimiento creativo y procesos somáticos. En estas clases, niños de todas las edades aprenden a cultivar un sentido profundo de integración entre emoción, cuerpo y mente, expandiendo de esta manera la capacidad de aprender y desarrollar destrezas creativas.

DanzaBooks

DanzaBooks es el sello editorial de *ShamansDance Publishing & Productions, Inc.* dedicado a publicar libros que establecen un puente entre el cuerpo y la mente.

Estos libros, escritos por Corazón Tierra, ofrecen a los lectores la oportunidad de conectar su inteligencia con la sabiduría innata de sus cuerpos.

Danza Eventos

Estos eventos interdisciplinarios en vivo fusionan la danza, la poesía, el teatro, la música, el arte visual y prácticas chamánicas para ofrecer al público una experiencia de unidad, armonía, bienestar, paz y transformación.

CuerpoAdentro (Beloved Bodysoul)

El Sistema *CuerpoAdentro* es un método que ayuda a las mujeres y niñas a cultivar una relación amorosa con sus cuerpos. Los principios de este sistema están presente en todos los escritos, servicios y actividades de Corazón.

Los 7 principios *CuerpoAdentro* son:
1. Vive presente en tu cuerpo.
2. Escucha la sabiduría de tu cuerpo.
3. Recibe los regalos de la Madre Tierra.
4. Descubre los paisajes emocionales de tu cuerpo.
5. Siente tu alma en tu cuerpo.
6. Ocupa tu espacio de poder y comparte tu presencia con el mundo.
7. Celebra tu belleza única y libera tu gracia.

Mediante la expresión creativa —que además de baile y movimiento incluye poesía, artes culinarias, arte visual y manualidades, escribir en tu diario y escritura creativa—este sistema te permite cultivar un sentido profundo de presencia, autoamor y autoconfianza.

Los talleres *CuerpoAdentro* son ideales para las mujeres que desean sanar complejos del cuerpo y sentimientos de insuficiencia.

El Sistema *CuerpoAdentro* ofrece herramientas creativas que te ayudan a ser feliz en tu cuerpo y a amarlo incondicionalmente.

DanzaBooks

DanzaBooks es el nuevo sello editorial de *ShamansDance Publishing & Productions, Inc.* dedicado a publicar libros que establecen un puente entre el cuerpo y la mente.

Los nuevos libros del sello editorial *DanzaBooks* para este ciclo son:

Portales a la presencia

Portales a la presencia es un libro de poesía meditativa para cultivar el poder de tu presencia. Libérate de la prisa, del "no tengo tiempo" y el ajetreo leyendo poemas que te conectan a tu fluidez interior. Con imágenes que despiertan el poder restaurativo de tu cuerpo Corazón te invita a mantener tu serenidad en el medio de la incertidumbre y el exceso de trabajo. Si quieres estar presente en el aquí y ahora, y disfrutar los regalos de bienestar que te ofrece la naturaleza, este libro es para ti.

CuerpoAdentro
7 principios para vivir feliz en tu cuerpo

Este libro de autoayuda te guía por los siete principios del sistema *CuerpoAdentro*:

Los 7 principios *CuerpoAdentro* son:

1. Vive presente en tu cuerpo.
2. Escucha la sabiduría de tu cuerpo.
3. Recibe los regalos de la Madre Tierra.
4. Descubre los paisajes emocionales de tu cuerpo.
5. Siente tu alma en tu cuerpo.
6. Ocupa tu espacio de poder y comparte tu presencia con el mundo.
7. Celebra tu belleza única y libera tu gracia.

Con este libro puedes practicar siete pasos que te ayudan a vencer los enemigos de tu autoestima y a rescatar la alegría de vivir presente en tu cuerpo tal como es.

Para recibir aviso cuando estos libros estén disponibles, ingresa en la lista de espera llenando el formulario en esta página web:

http://cuerpoadentro.com/listalibros

Recurso

Despierta tu Diosa
Meditación guiada en audio del sistema
CuerpoAdentro

¿Te gustaría vivir libre de complejos y descubrir a tu Diosa Interior?

Empieza ya con el primer audio del Sistema *CuerpoAdentro*, la meditación guiada *Despierta tu Diosa*.

Este audio es una meditación para amar tu cuerpo que te ayuda a entrar a un estado profundo de relajación y a despertar la energía de tu Diosa Interior.

La voz sanativa de Corazón Tierra te lleva de viaje a espacios profundos de tu cuerpo y tu alma calmando tu mente y nutriendo tu autoestima.

Para comprar y acceder este audio, visita la siguiente página:
http://cuerpoadentro.com/tienda/

Eventos

Estos eventos están disponibles para grupos e instituciones en Estados Unidos y a nivel internacional.

Cuerpografías

Este evento es una presentación en danza-poesía de los poemas de este libro. Acompaña a Corazón Tierra en un viaje de liberación de las sombras que roban el poder, la sabiduría y la felicidad del cuerpo. En un ambiente rico que incluye el arte de María Mar, música chamánica y un viaje por estos poemas, Corazón te guía en este viaje de liberación que desata los nudos de la ausencia del yo verdadero.

Portales a la presencia (viaje-taller)

En este viaje-taller descubres las danzas naturales a tu cuerpo inspiradas en los elementos de la naturaleza. Mediante exploraciones de anatomía vivencial Corazón te guía para que escuches, despiertes y expreses a tu Diosa Interior. Este evento está disponible como un solo taller o en una serie completa.

DanzaSpa

Las clases de *DanzaSpa* están disponibles para grupos o instituciones. *DanzaSpa* ofrece la misma energía alegre de Zumba con los mismos beneficios de relajación de Yoga sin posturas complicadas ni prejuicios. Calma la mente, relaja el cuerpo, y libera tensiones. Es una práctica ideal para la mujer que quiere mover su cuerpo desde adentro a su propio ritmo, y para la mujer que desea expresar la danza natural de su yo auténtico. *DanzaSpa* es también un recurso para promover la respuesta natural de tu cuerpo en el proceso de sanación. Las clases de *DanzaSpa* son apropiadas para todos los niveles. En las clases de *DanzaSpa* se respetan y celebran todos los tipos de cuerpos.

EduDanza

En estas clases, niños de todas las edades aprenden a cultivar un sentido profundo de integración entre emoción, cuerpo y mente mediante un currículo de danza y movimiento somático que culmina con un proyecto artístico.

EduDanza ayuda a los niños a expandir la capacidad de aprender y desarrollar destrezas creativas. Algunos de sus beneficios son:

- Fortalece la habilidad de los niños de aprender de una manera vivencial.
- Cultiva la creatividad y destreza de pensamiento critico.
- Construye auto-confianza y liderato.
- Nutre un sentido profundo de bienestar.
- Empodera a los niños a crear sus propias danzas.
- Provee oportunidades de mantenerse activos físicamente aun dentro de la casa.

El cántaro de la diosa: Origen

Reclama la presencia de tu cuerpo en este viaje de danza-poesía donde la artista de la danza, poeta y chamana Corazón Tierra ofrece una ceremonia de serenidad y relajación profunda. Adéntrate en la memoria ancestral de tus células.

En este viaje de arte interdisciplinario Tierra se conecta a esta memoria ancestral del átomo para crear una experiencia colectiva de armonía a nivel celular. Antes del baile, la artista y chamana María Mar crea una instalación ambiental interactiva. En ceremonia María pinta símbolos arquetipos de la diosa en la piel de Corazón, activando la memoria ancestral de la Diosa.

Esta actividad es un recurso para grupos que necesitan ayuda en el proceso sanativo o desean una experiencia restaurativa. También es excelente para grupos de padres.

Quietud en la tormenta
(Santuario de paz interior en medio del caos)

Descubre un santuario dentro de ti para navegar en medio del caos en este viaje de danza-poesía. Mediante su danza meditativa y poesía mística Corazón te lleva a un lugar de serenidad donde puedes estar en paz y ser efectiva en medio de la incertidumbre y el agobio.

La combinación de sonidos de la naturaleza, arte y música conduce a un estado profundo de relajación donde te mueves en quietud. *Quietud en la tormenta* es un evento excelente para personas que trabajan en ambientes corporativos de alta presión, y para empleados, padres y maestros.

Instituciones:
Para más información sobre estos eventos, contacte a Corazón a: corazontierra@gmail.com

Agradecimientos

Este libro ha sido posible gracias al apoyo que he recibido de muchas personas y a la labor estupenda de mis mágicas aliadas.

Agradezco profundamente a mis padres, Antonia Laboy y José Pedro Padilla, por siempre estar presentes en mi vida y ofrecerme un sentido profundo de protección y amor. Con mi madre aprendí a hilar el cuerpo de un relato, y con mi padre aprendí a recibir la poesía que late en la naturaleza.

Este libro no hubiese visto la luz sin el feroz apoyo y luminosa visión de María Mar. Gracias a las enseñanzas chamánicas, artísticas y sanativas de María he podido liberar mi poder expresivo y parir este libro. María ha sido una partera extraordinaria en todas las etapas del proceso de manifestación de *Cuerpografías*. Ofreció generosamente sus talentos, conocimiento y valioso tiempo para diseñar, editar y hacer realidad el libro. Sus reveladoras ilustraciones, que acompañan cada poema en el libro, enriquecen la experiencia sanativa de *Cuerpografías*. Gracias María por ayudarme a hacer este sueño una realidad y por tus mágicas acciones en pro del libro.

Doy gracias a mi pareja Anthony Torres cuya amorosa presencia en mi vida me regocija y colma de paz. Gracias Anthony por tu apoyo y corazón bondadoso.

Agradezco la amistad y apoyo de Daniel Soto, quien siempre generosamente me ha ofrecido su ayuda técnica y recursos tecnológicos. Gracias por facilitar ese aspecto en la manifestación de *Cuerpografías*.

El apoyo de mi gran amiga Tanya Torres ha sido importante en la manifestación de este libro. Gracias Tanya por creer en mí y por nutrir mi alma con tu arte, poesía, y ejemplo de vida creativa.

Agradezco profundamente a la escritora y líder Myrna Nieves por haber nutrido mi quehacer literario durante años. Gracias a Myrna he presentado mi poesía y narrativa en eventos literarios de gran importancia en la ciudad de Nueva York. Gracias a Myrna mi prosa está incluida en la primera y única antología que recopila obras literarias de escritoras puertorriqueñas que han residido en la ciudad de Nueva York (*Abriendo caminos: Antología de escritoras puertorriqueñas en Nueva York 1980—2012*).

Doy gracias a la autora, editora y psicóloga Guillermina Sánchez López de la Editorial La Biblioteca en Puerto Rico, por incluir mi prosa poética en una antología acerca de la anorexia (*Ana y su anorexia: Más allá de no comer*).

Quiero extender mi agradecimiento a la Fundación Valparaíso, de Mójacar, Almería, España. Terminé de escribir los poemas de este libro durante mi estadía en la residencia artística Fundación Valparaíso en febrero del 2006. Gracias a la beca de estadía que me ofreció esta institución me pude concentrar en crear y pulir esta colección de poemas.

Finalmente quiero dar las gracias al Universo, a Dios y a la Diosa, a la Madre Tierra, a todos mis Ancestros y guías espirituales por nutrirme, guiarme y darme el regalo de la vida.

www.ingramcontent.com/pod-product-compliance
Lightning Source LLC
Chambersburg PA
CBHW060411090426
42734CB00011B/2284